FRIENDS
OF ACPL

The "tiger" in our story is really a spotted jaguar, called "el tigre" in South America.

El "tigre" en nuestro cuento es en verdad un jaguar manchado que se llama "el tigre" en Sud América.

By/Por
Letty Williams

Pictures by/Ilustraciones de
Herb Williams

Translated by/Traducción de

Doris Cháves
William Tasca
Mary Ann Nancarrow

Prentice-Hall, Inc., Englewood Cliffs, N.J.

The TIGER!
El TIGRE!

For Lynn and Wendy   Para Lynn y Wendy

THE TIGER/EL TIGRE
by Letty and Herb Williams
© 1970 by Letty and Herb Williams

All rights reserved. No part of this book may be reproduced in any form or by any means, except for the inclusion of brief quotations in a review, without permission in writing from the publisher.

13-921577-8
Library of Congress Catalog Card Number: 72-103314

Printed in the United States of America • J

Maria and Pancho live near a jungle.
Maria is a little girl, and Pancho is
her little dog.
Maria's mother always said, "Maria, do
not go too far into the jungle."
"No, Mama," Maria always said.
But one day...

María y Pancho viven cerca de una selva.
María es una chiquita y Pancho es su perrito.
La Madre de María siempre le decía
—María, no vayas demasiado lejos en la
selva.
—No, mamá, María siempre decía.
Pero un dia...

. . . One day Maria and Pancho *did* go too far!
They were playing with all the birds
and the pretty flowers.
Then Maria said, "Pancho! Stop making so much noise!
Look! You are scaring all the birds!"

. . . ¡Un dia María y Pancho se fueron demasiado
lejos!
Estaban divirtiéndose con los pájaros y las flores
hermosas.
Entonces María dijo,
—Pancho! ¡déjate de hacer tante ruido.
Mira! ¡Estas asustando a todos los pájaros!

"I am not scaring the birds," Pancho yelped.
"Look, Maria! *HE* is scaring the birds!"
Then Maria saw the tiger.
"Oh, Pancho!" she cried. "What will we do?"
"Run, Maria, run!" yelped Pancho.
"I can't run, Pancho!" cried Maria.

—*Yo* no estoy asustando a los pájaros, Pancho aulló.
—¡Mira, María! *EL* está asustando a los pájaros!
Entonces María vió al tigre.
—¡Oh, Pancho! ella gritó. —¿Qué haremos?
—¡Corre, María, corre! aulló Pancho.
—¡No puedo correr, Pancho! gritó María.

Maria and Pancho were too scared to run.
"Be polite, Pancho," said Maria.
"I am always polite to tigers," said Pancho.
"Excuse us, Mr. Tiger," he said.
"We'll leave your jungle.
Please go on with your walk."

María y Pancho estaban demasiado asustados para correr.
—Sé cortés, Pancho, dijo María.
—Yo siempre soy cortés con los tigres, dijo Pancho.
—Discúlpenos, señor Tigre, dijo él.
—Nos vamos a ir de su selva.
Por favor, continue su caminata.

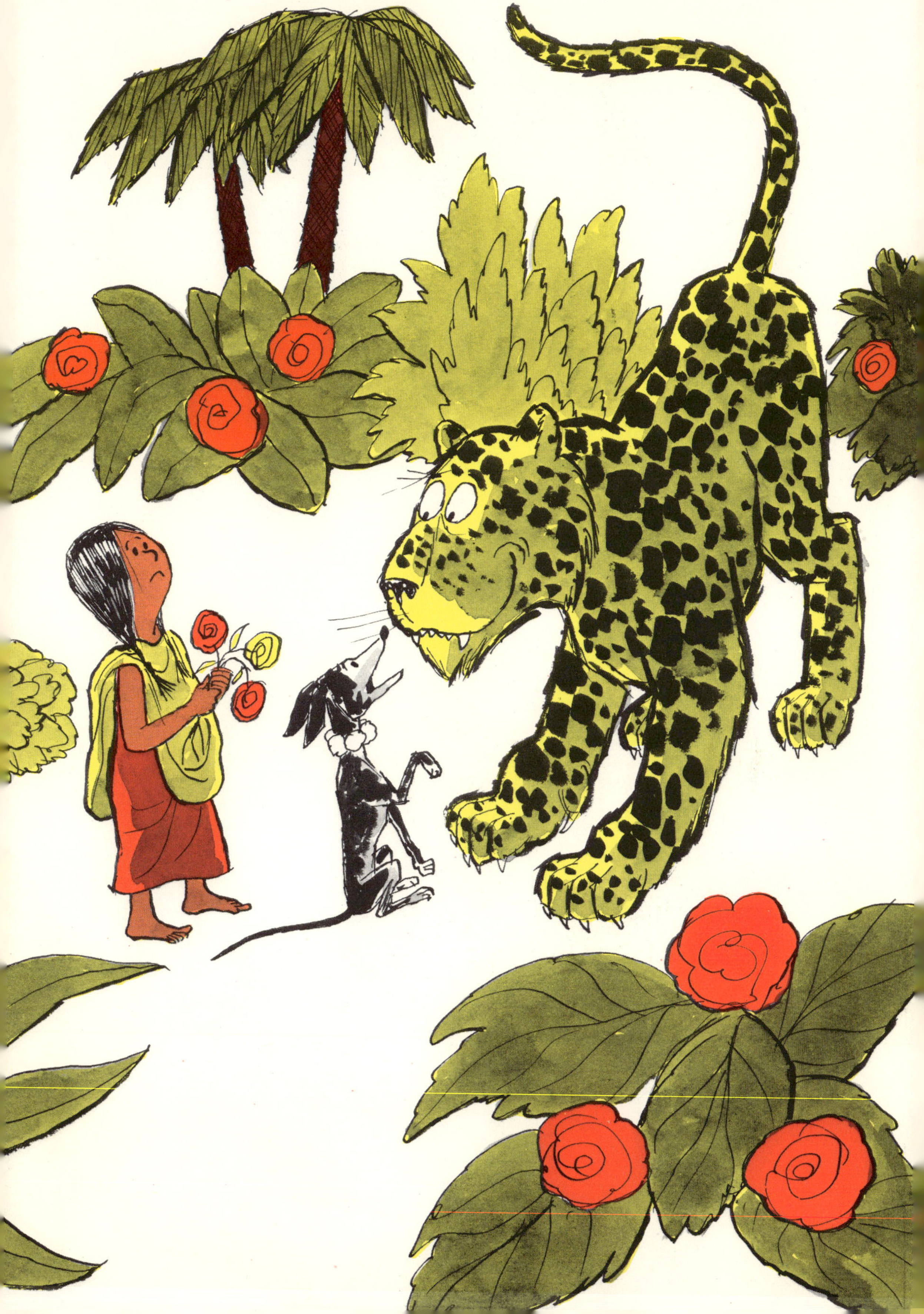

The tiger just smiled.
He picked up Maria and walked on.
"We are in trouble again, Pancho," cried Maria.
"We have been in trouble before," said Pancho.
"But not *tiger* trouble," Maria replied.

El tigre solamente sonreía.
El cogió a María y siguió su camino.
—Estamos en un lio otra vez, Pancho, gemía María.
—Estuvimos antes en lios, dijo Pancho.
—Pero nunca estuvimos en lios con *tigres*, dijo María.

"We'll think of something," Pancho said.
"Try to enjoy the ride!
How often have you been carried by a tiger?"

—Ya tramaremos de algo, dijo Pancho.
—Trata de gozar de la cabalgada.
¿Cuántas veces ha estado calbalgando en un tigre?

"I have my eyes closed," said Maria.
"I don't want to see where he's taking me.
I'm tired of this jungle.
Too many flowers. Too many leaves!
Too many *tigers!*"
"Be careful what you say," warned Pancho.
"Maybe this tiger speaks Spanish!"
"Do you speak Spanish, Mr. Tiger?"
asked Maria.
"Hm–Hm–Hm," said the tiger.

—Tengo los ojos cerrados, dijo María,
—no deseo ver adonde me lleva.
Estoy cansada de esta selva.
¡Demasiadas flores, demasiadas hojas,
demasiados *tigres!*
—¡Cuidado con lo que dices! le previno Pancho.
—Tal vez este tigre hable español.
—¿Habla usted español, señor Tigre?
le preguntó María.
—Um...um...um...dijo el tigre.

"Open your eyes," said Pancho.
"We are coming to a little house."
The tiger put Maria down.
"My house is your house!" the tiger said.
"Oh!" said Maria. "You *do* speak Spanish!"
"Yes, why not?" replied the tiger.
The tiger laughed.

—Abre los ojos, dijo Pancho.
—Estamos llegando a una casita.
El tigre bajó a María.
—Mi casa es su casa, dijo el tigre.
—¡Oh! dijo María. Usted *habla* español!
—Sí . . . pórqué no? respondió el tigre.
El tigre sonrió.

"Don't you like my house, little dog?"
asked the tiger.
"You do not look very happy."
"It is a very nice house!" said Pancho.
"I like your house very much," said Maria.
"And I just thought of something!
Do you see all those peppers? Those beans?
I could cook some beans with peppers!"

—¿No te gusta mi casa, perrito?
preguntó el tigre.
—No me parece que tu estás feliz.
—Es una casa muy buena, dijo Pancho.
—A mí me gusta mucho su casa! dijo María.
¡Y se me ocurrió algo!
—¿Ves todos esos pimientos . . . esos frijoles?
puedo cocinar algunos frijoles con pimientos.

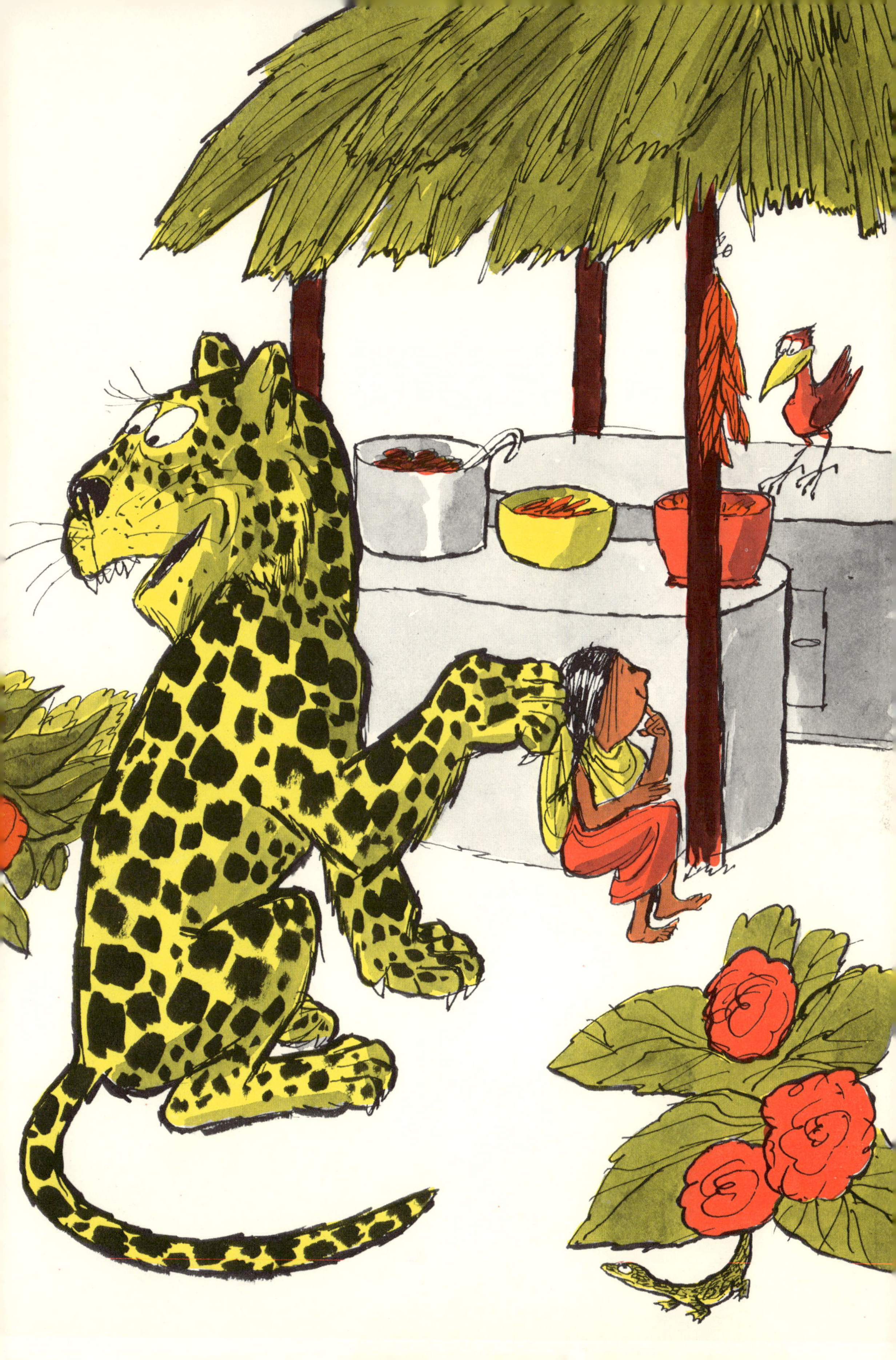

"Do you like beans with peppers, Mr. Tiger? Hot peppers?"

"Beans?" said the tiger. "What are beans?"

"Beans and peppers are very, very good!" said Maria. "Let me cook you some!"

"Very well!" said the tiger. "Cook me some beans!"

"First, Maria," said Pancho, "you must go out and get some wood for the fire!"

—¿ Le gustan los frijoles con pimientos, señor Tigre?
Pimientos picantes?
—¿Frijoles? preguntó el tigre. ¿Qué son frijoles?
—Frijoles y pimientos son muy, muy buenos,
dijo María.
—Déjeme cocinarle unos frijoles!
—¡Muy bien! dijo el tigre.—¡cociname unos frijoles!
—Primero, María, dijo Pancho, tiene que salir y
recoger un poco de leña para el fuego!

"*You* go for the wood, Pancho!" said the tiger.
"Maria might run away!"
When Pancho got back Maria was playing the guitar.
One tiger eye was shut.
But the other eye was wide open.
"Come here, little black dog," said the tiger.
"While Maria cooks the beans with peppers
I'll hold you."

—Anda *tú* por la leña, Pancho, dijo el tigre,
—¡María se puede escapar!
Cuando Pancho regresó, María estaba tocando la guitarra.
Uno de los ojos del tigre estaba cerrado.
Pero el otro ojo lo tenía completamente abierto.
—Ven aquí, perrito negro, dijo el tigre.
—Mientras María esté cocinando los frijoles con pimientos, yo te agarraré.

"Now," said the tiger, "if Maria runs away,
I'll gobble you up. Then I'll catch Maria
and gobble her up, too."
"Then you won't have any beans with peppers,"
said Maria.
"Put in lots and lots of peppers," said Pancho.

—Ahora, dijo el tigre, si María trata de escapar,
te tragaré a tí. Luego la cogeré a María
y me la tragaré a ella también.
—Entonces no tendrá usted frijoles con pimientos,
dijo María.
—Pon un montón de pimientos, María, dijo Pancho.

While Maria cooked she sang a little song.

"I'll make these beans so hot hot hot
"They'll make our tiger sneeze a lot.
"While he is sneezing
"Don't be lazy!
"Get on your feet and run like crazy!"

Maria then put the beans into a big red bowl.

Mientras María cocinaba, cantaba una cancioncita.

—*Cocinaré estos frijoles tan picantes, picantes, picantes.*
Que el tigre estornudará tanto, tanto, tanto
y mientras él estornude,
¡no sea flojo!
¡párate y corre cómo loco!

Entonces María puso los frijoles en una grande escudilla roja.

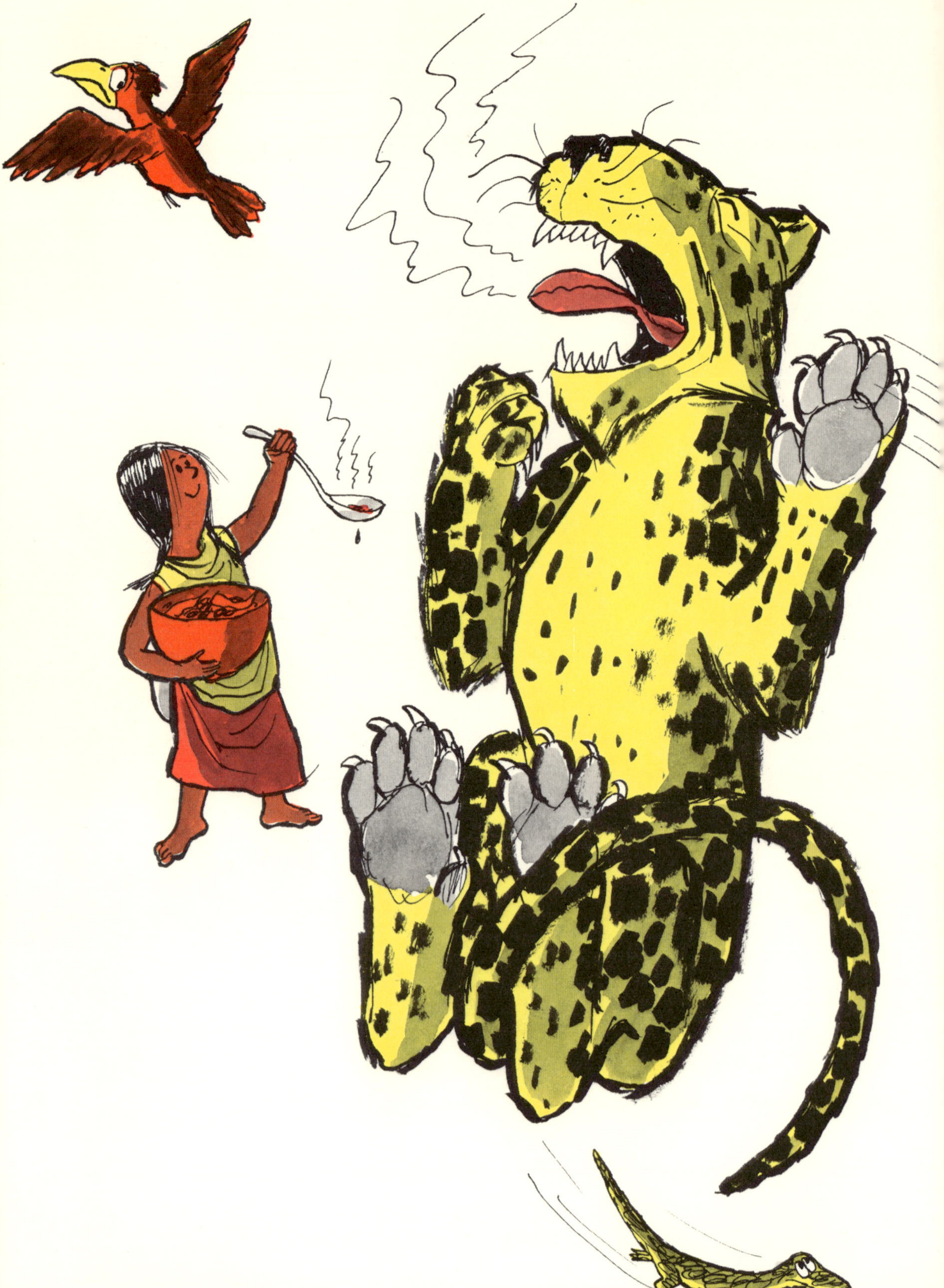

The tiger took a great big gulp of beans.
"Ow! OW! OW! he yelled.
"Oh! OH! OH!" he cried.
"I'm sorry!" Maria said. "I must have made
the beans too hot!"
"Nothing's too hot for tigers!" said the tiger.
"I love these beans! I'll never eat anything else!"

El tigre tomó un buen bocado de frijoles.
—¡Ay! ¡AY! ¡AY! él gimió.
—¡Ay! ¡AY! ¡AY! él se lamentó.
—¡Lo siento! dijo María. Posiblemente cociné
los frijoles demasiado picantes.
—¡Nada es muy picante para los tigres! dijo el tigre.
—¡Me gustan mucho estos frijoles! ¡Nunca más comeré
otra cosa que frijoles!

Bowls and bowls of beans later, the tiger rolled over on his back.
"Look at that stupid tiger," said Maria. "Both eyes closed. He's so full of beans he can hardly move!"
"What are we waiting for?" cried Pancho. "Run, Maria, run!"
"Wait!" Maria said. "Pancho, I have an idea."

Escudillas y escudillas de frijoles más tarde,
el tigre se arrolló.
—Mira al tigre qué tonto, dijo María.
—Ambos ojos cerrados. Está tan lleno de frijoles
que casi no puede moverse.
¿Qué estamos esperando? gritó Pancho.
—¡Corre, María, corre!
—Espera, Pancho, dijo María.—Se me ocurre un idea.

"I think we could get very rich selling beans and peppers to tigers!"
And they did.

—Yo pienso que si vendemos frijoles con pimientos para tigres, seríamos muy ricos. Y así se hicieron ricos.

VOCABULARY
VOCABULARIO

The Tiger
El Tigre

Maria and Pancho
Maria y Pancho

a jungle
una selva

little dog
perrito

birds
pájares

flowers
flores

house
casa

peppers
pimientos

beans
frijoles

wood
leña

fire
fuego

bowl
escudilla

leaves
hojas

lizard
lagarto

"Until we meet again!"
"Hasta la vista!"